ARMAS PODEROSAS DE GUERRA ESPIRITUAL

MANUAL DEL LIBRO
LIBERATE

Copyright © 2015 Roger De Jesús Muñoz Caballero

Publicado por:

Cristo Libera

Ministerio de Liberación y sanidad

Seattle, WA 98115

USA

www.cristolibera.org

All rights reserved.

ISBN-13:978-0-9964859-2-0

ISBN-10:0996485929

First Printing, 2015

Impreso en los Estados Unidos de América

ARMAS PODEROSAS DE GUERRA ESPIRITUAL

MANUAL DEL LIBRO
LIBÉRATE

Roger D. Muñoz

ARMAS PODEROSAS DE GUERRA ESPIRITUAL

MANUAL DEL LIBRO
LIBÉRATE

Roger D. Muñoz

CRISTO LIBERA

MINISTERIO DE LIBERACION Y SANIDAD

Seattle WA 98115

www.cristolibera.org

Roger Muñoz Es un siervo de Dios el cual me ha entrenado en liberación desde hace mucho tiempo y además tuve la bendición de viajar a USA para recibir más entrenamientos en liberación. Gracias a Jesucristo que por medio de su Siervo, ahora estoy ministrando liberación y han sido libres muchos en este hermoso país de Japón.

—Pastor Jaime Teruya
Iglesia Cristiana Renacier en Japon

El Pastor Roger Muñoz, está dejando un legado a aquellos que quieren aprender más acerca del ministerio de liberación. Este libro es una excelente herramienta para todos los ministros del Reino de Dios y su Justicia. Reconozco su arduo trabajo en el ministerio de liberación, que Dios le ha dado.

—Pastor Eugenio Manuel Torres
Iglesia Reformada Cristo Justicia Nuestra
Santa Marta, Colombia, Sur America

El Siervo Roger Muñoz ha sido invitado en repetidas ocasiones como panel de conferencia al aire en temas de liberación y guerra espiritual donde ha sido de gran bendición.

—Pastor Jose Ramos
Conductor Programa Radial Pastores Unidos Por Cristo
Presidente De La Alianza Evangelica Hispana Del Norte

Roger Muñoz ha sido de gran bendición para mi vida y mi Ministerio, ya que a través de su vida y Ministerio de liberación, fuimos capacitados para dar un mejor servicio a Dios y a su Iglesia, trayendo libertad a los que un día estaban cautivos por Satanás. Que El Señor lo siga guardando y bendiciendo y prosperando en todo lo que haga.

— Apostol Mario Bonillas
Fundador Del Concilio Iglesia Ebenezer USA.

Roger Muñoz solía ser un hombre de negocios en el país de Colombia en América del Sur, pero desde el momento de su conversión a Jesucristo le nació una pasión por liberar a los que están cautivos y bajo la opresión de espíritus malignos. Él es el fundador del ministerio "Cristo Libera". Muchos son los que se han beneficiado de su servicio de liberación en los Estados Unidos y en otras partes del mundo.

—Rev. Jorge Gutierrez
Iglesia Cristiana De Las Americas
Seattle Washington USA.

Roger Muñoz es uno de nuestros voluntarios para el Ministerio de Detención de Inmigrantes en el Centro de Detención del Noroeste en Tacoma Washington, USA, una vez por mes predica el evangelio y ha llevado muchas personas a Cristo.
—Pastor Habtom Ghebru

TABLA DE CONTENIDO

AUTOR 5
INTRODUCCIÓN 7
1. **DIEZ REQUISITOS CLAVES PARA SER LIBERADOS** 9
2. **LLAVE PARA LA LIBERACIÓN** 11
3. **PROCEDIMIENTO** 13
4. **FORMULARIO O CUESTIONARIO DE PREGUNTAS** 15
5. **ORACIONES PODEROSAS DE GUERRA ESPIRITUAL** 31
6. **ORACIÓN PARA LIMPIAR TODO EL CUERPO** 37
7. **ORACIONES DIARIAS PODEROSAS** 41
8. **NOMBRES DE DEMONIOS POR FUNCIÓN** 43
9. **PASOS BÁSICOS Y ORACIÓNES PARA MANTENER UNA LIBERACIÓN** 47

AUTOR

Roger D. Munoz Casado y padre de dos hermosos hijos, es el hombre que Dios escogió para fundar y dirigir a Cristo Libera, un ministerio de Liberación y Sanidad con su sede principal en Seattle, Washington, en los Estados Unidos. Además de servir localmente, sirve en todo los Estados de USA y el resto del mundo donde Dios escoja, en el que haya necesidad de servicios de liberación a través de la tecnología del internet, teléfonos, cámaras digitales, usando traductores y a veces viajando a donde Dios le envíe y sea su voluntad. En este Ministerio se han realizado miles de liberaciones, la mayoría de ellas se encuentran en su página de internet www.cristolibera.org y en el canal de YouTube.

Roger es un líder y miembro activo de la Iglesia Cristiana de las Américas en Seattle Washington, USA, es un voluntario predicador del Ministerio de Detención de Inmigrantes en el Centro de Detención del Noroeste en Tacoma Washington, USA.

Ha sido invitado en repetidas ocasiones como miembro del Panel de Conferencia al aire en temas de liberación y guerra espiritual, en el Programa Radial Pastores Unidos por Cristo de la Alianza Evangélica Hispana del Noroeste.

Ha dictado muchos seminarios, conferencias, talleres y ha entrenado pastores y líderes, los cuales están ya ministrando liberación en sus congregaciones.

El Pastor Roger Muñoz está dejando un legado a aquellos que quieren aprender más acerca del ministerio de liberación.

INTRODUCCIÓN

Bienvenidos al Manual del Libro Libérate

En este Libro están las Armas Poderosas de Guerra Espiritual que toda persona debe conocer, para que de esa manera pueda tener y disfrutar la vida abundante que nuestro Señor Jesucristo nos dio. Jesús hizo una obra completa en la cruz cuando derramó su sangre perdonándonos los pecados y quitando las maldiciones de nuestras vidas. Debemos estar libre de enfermedades, dolores, miserias, que son las consecuencias del pecado, pero al ser quitados, debe llegar la sanidad y bendición, de lo contrario, si no son expulsados los malos espíritus, estos seguirán ocasionándolos, esta es la razón de este Manual de liberación. En el conocerá los requisitos claves para que sea libre, porque sin éstas no podría serlo. Tendrá la llave principal para que sean expulsados los demonios, así como un formulario que le facilitarán encontrar las posibles puertas de entradas a los malos espíritus, oraciones poderosas diarias y como mantener la liberación.

Se elaboró este Manual por la necesidad de tener el formulario y las oraciones en un tamaño carta, la cual le facilitarán la impresión y las copias para su uso; pero principalmente se elaboró para facilitarle el trabajo a los que estarán involucrados en la liberación y ministerios de liberaciones. Es muy recomendable que adquiera: Libérate de los Opresiones, el cual es la base de este Manual. Y éste es base más importante para toda la Serie de nuestros libros. Libérate.

> *Es muy recomendable que adquiera: Libérate de los Opresiones, el cual es la base de este Manual.*

1. DIEZ REQUISITOS CLAVES PARA SER LIBERADOS

I. **H**aber aceptado a Cristo. La liberación es para el que reconoce a Jesús como su Señor y Salvador; es para los cristianos. La liberación es para los hijos de Dios.

Marcos 7:26-29 (RVR1960) 26 La mujer era griega, y sirofenicia de nación; y le rogaba que echase fuera de su hija al demonio. 27 Pero Jesús le dijo: Deja primero que se sacien los hijos, porque no está bien tomar el pan de los hijos y echarlo a los perrillos. 28 Respondió ella y le dijo: Sí, Señor; pero aun los perrillos, debajo de la mesa, comen de las migajas de los hijos. 29 Entonces le dijo: Por esta palabra, ve; el demonio ha salido de tu hija.

II. Buscar ayuda. Esta es una prueba de que usted desea ser libre, cuando toma la iniciativa de solicitar ayuda.

III. Creer que va a ser liberado. Debe creer, hay muchos que dudan.

IV. Querer ser liberado. Hay muchos que no quieren ser liberados.

V. Llenar el formulario de liberación. Son preguntas que se hacen para buscar las posibles puertas de entradas a los demonios.

VI. Seguir los pasos recomendados. Confiar en lo que se le explica.

VII. No ser contencioso. Hay muchos que quieren saber más que otros.

VIII. Confesar y renunciar a sus pecados. Sin esto no hay liberación.

IX. Creer que un cristiano puede tener demonios. Si no lo cree podría no ser libre.

X. Definitivamente no debe estar practicando el pecado. Ésta es una de las razones del por qué una persona no puede ser libre, el demonio tiene derecho legal de estar allí.

> *La Liberación es para los hijos de Dios.*

2. LLAVE PARA LA LIBERACIÓN

Paso de confesión, arrepentimiento, renuncia, perdón, aceptación.

Este paso es de suma importancia, ya que es la llave de su liberación. Después de haber llenado su formulario, con calma tome cada punto del mismo y confiéselos, renuncie y pídale a Jesucristo que lo perdone si es el caso.

Por Ejemplo: Mi Señor Jesús te confieso el pecado de pornografía, me arrepiento y renuncio a ese pecado y te pido que me perdones en el Nombre de Jesús; gracias por perdonarme, lo acepto. Demonios de pornografía y afines, no los quiero, no los acepto, los rechazo en el Nombre de Jesús, Así que ¡FUERA, FUERA, FUERA EN EL NOMBRE DE JESUS!

Así sucesivamente hasta el final, según sea el caso. A medida que lo va haciendo sentirá más libertad, y se sentirá más liviano.

Nota importante. Si es una auto liberación, a medida que va renunciando y pidiendo perdón, vaya echando los demonios en el nombre de Jesús de inmediato y sea persistente en esto, pero si usted se lo está haciendo a otra persona, primero espere que la persona renuncie a todo y pida perdón en todos los puntos, esto con el fin que usted se centre únicamente en expulsarlos, debido que ningún demonio tiene derecho legal.

Si usted no ha aceptado a Jesús como su Señor y Salvador y desea hacerlo ahora, por favor repita esta oración:

"Señor Jesús eres el Hijo de Dios que viniste a morir por mis pecados en la Cruz del Calvario, hoy te acepto como mi único Señor y Salvador, perdona mis pecados, acepto tu perdón, escribe mi nombre en el Libro de la Vida, Espíritu Santo ven a mi corazón, a mi vida y mora conmigo, Gracias Jesucristo, hoy me consagro a Ti. Gracias Jesucristo por darme la oportunidad de empezar una nueva vida contigo.

3. PROCEDIMIENTO

Este manual es práctico, y deben usarlo todos los que adquieran nuestra serie: Libérate. La cual es muy fácil de usar.

Como usted puede ver cada oración viene en una sola hoja, tamaño carta, esto con el fin de facilitarle la impresión a usted.

Sáquele copias a todo el formulario y oraciones, haga un Master si lo desea, y entréguelas al que va hacer liberado para que las llene y renuncie al pecado, con el fin de que antes del día de su liberación las traiga llenas a usted y que ya haya también confesado. Debe pedirle una ofrenda para lo menos cubrir el costo del material y su tiempo..

Entregar los siguientes documentos antes del día de la liberación:

1. El Formulario para que lo llene.
2. El tema: Para romper las ataduras sexuales.
3. La Oración para perdonar efectivamente. Esto con el fin de pedir perdón y perdonar.

Entregar estos documentos para después de la liberación.

1. ORACIONES DIARIAS PODEROSAS
2. De sanidad.
3. Limpieza de usted, su familia y de su casa.
4. PASOS BÁSICOS Y ORACIONES PARA MANTENER UNA LIBERACIÓN

Nota: Es extremadamente importante que usted tenga este Manual junto con la serie de libros Libérate.

4. FORMULARIO O CUESTIONARIO DE PREGUNTAS

Información Importante antes de llenar este formulario

Esta es la parte clave de este Manual, por favor llene el formulario con toda diligencia y sinceridad, y por favor ayune, por lo menos tres días, antes de su liberación.

El objetivo de llenar este formulario es encontrar las posibles puertas de entradas de los demonios y enfermedades. Por lo tanto, sea sincero y detallista en sus respuestas, de esa manera se hará más fácil su liberación y sanación.

Debemos confesar nuestros pecados

Santiago 5:16 *"Confesaos vuestras ofensas unos a otros, y orad unos por otros, para que seáis sanados".*

> *Llenar el formulario de liberación. Son preguntas que se hacen para buscar las posibles puertas de entradas a los demonios.*

Debemos perdonar y pedir perdón

Mateo 6:14-15

14"Porque si perdonáis a los hombres sus ofensas, os perdonará también a vosotros vuestro Padre celestial; 15más si no perdonáis a los hombres sus ofensas, tampoco vuestro Padre Os perdonará vuestras ofensas."

En Jesucristo fuimos redimidos de la maldición de la ley, de las iniquidades, de nuestros pecados y los de nuestros antepasados, Gal 3:13. Pero los demonios no se van, se quedan sin derecho legal en nuestros cuerpos y el de nuestros familiares, por eso tenemos enfermedades y sufrimientos. Ellos lo hacen posible, por eso la clave es tratar en lo posible de conocer nuestros pecados y los de nuestros antepasados, para poder identificarlos, renunciar a ellos y expulsarlos con mayor facilidad y por consiguiente erradicar en nuestra familia maldiciones de diabetes, cánceres, alcoholismo, pobreza etc.

Formulario o Cuestionario de Preguntas

FORMULARIO DE PREGUNTAS

Fecha: _____

Nombre Completo:
_____

País, Ciudad, Barrio o Colonia:
_____
_____
_____
_____

Teléfonos:_____

Correo Electrónico:_____

Edad:_____

Soltero ( ) Casado ( ) Viudo ( ) Divorciado ( ) Conviviente ( ) Pareja/Novio ( )

Cuántas veces ha estado casado?:_____ Explique:
_____
_____
_____
_____
_____

Profesión.: _____

Ocupación o función principal en su trabajo:
_____

¿Cuál es su historial en la iglesia con Jesucristo?:
_____
_____

¿Aceptó a Jesús como su Señor y Salvador? ( ) Cristiano Evangélico -Protestante- ( ) ¿Desde cuándo?
_____

¿Ya se bautizó? A qué edad aproximadamente._____

Manual del libro Libérate

¿Se bautizó en el Nombre del Padre del Hijo y del Espíritu Santo?
_____

¿Diezma?_____

¿Cuántos hijos tiene? _____ ¿Son creyentes? _____ Explique:
_____
_____
_____
_____
_____
_____
_____
_____

SECCIÓN DE LOS ANCESTROS, DE LOS ANTEPASADOS

Por favor investigue y escriba con calma todo lo que usted sabe o sospecha de sus antepasados, incluidos sus tíos, primos, familia actual y pasada, porque traemos maldiciones en nuestras familias que son causadas por ellos, y podrían estar afectándolo. En la mayoría de las liberaciones he encontrado demonios que han estado presentes desde antes del nacimiento. Repito, las maldiciones y los pecados por medio de Jesucristo han sido removidos, pero los demonios no se van, se quedan, y son los que producen esas enfermedades.

¿Usted sabe si algunos de sus ancestros, padres, abuelos, Etc., han hecho pactos, practicado, participado o sufrido de brujerías, limpiezas, baños de la buena suerte, adulterio, fornicación, divorcios, borracheras, perversión sexual, bestialismo, alcoholismo, enfermedades, depresión, trastornos mentales, diabetes, locura, adulterio, ira, actividades criminales, nacimientos fuera del matrimonio, satanismo?

Escriba todo lo que el Espíritu Santo le traiga a la mente.

_____
_____
_____
_____
_____
_____
_____
_____
_____

Formulario o Cuestionario de Preguntas

1. SECCIÓN DESDE SU CONCEPCIÓN HASTA SU NACIMIENTO

Trate de averiguar todo lo posible.

¿Cómo fue su nacimiento? ¿Fue por cesaría? ¿Parto normal? Explique:

_____
_____
_____

El momento que su madre quedó embarazada. ¿Estaba enamorada? ¿Era un amor ocasional? ¿Estaba Casada? ¿deseaba querer un hijo? ¿Fue violada? ¿Estaba borracha? etc., ¿Qué sabe usted? Explique:

_____
_____
_____
_____
_____

¿Traumas, caídas, accidentes durante su embarazo? Si ( ) No ( ) Explique:

_____
_____
_____
_____

¿Fue rechazado? ¿No lo querían tener? ¿Intentaron abortarlo? ¿Palabras de maldición? Explique:

_____
_____
_____
_____

¿Ambos padres eran cristianos? Si ( ) No ( ) Explique:

_____
_____
_____
_____

SECCIÓN - DESDE SU NACIMIENTO HASTA SU ADOLESCENCIA

¿Fue adoptado? Si ( ) No ( ) Explique:
_____
_____
_____
_____

¿Conoció a sus padres? Si ( ) No ( ) Explique:
_____
_____
_____
_____

¿Cómo fue su relación con cada uno de sus padres? Explique:
_____
_____
_____
_____

¿Había peleas, griterías en su hogar? Si ( ) No ( ) Explique:
_____
_____
_____
_____

¿Fue criado en un hogar cristiano? Si ( ) No ( ) Explique:
_____
_____
_____
_____

¿Maldiciones de palabras habladas como: Eres un flojo, no sirves para nada, eres un fracasado? Explique:
_____
_____
_____
_____

¿Dichos o frases como: Tienes manos de Lumbre todo lo que tocas destruyes... etc.?
_____
_____
_____

Formulario o Cuestionario de Preguntas

___

¿Fue abusado sexualmente? Si (   ) No (   ) Sí fue sí ¿Quién abusó de usted?:

___

¿Fue abusado física y/o psicológicamente? Física (   ) Psicológica (   ) Explique::

___

¿Participó en juegos sexuales como papá y mamá… Etc.? Si (   ) No (   ) Explique:

___

¿Cómo fue su niñez? ejemplo: soledad, rechazos, peleas… Etc.:

___

¿Algunos de tus ancestros, padres, abuelos, bisabuelos, tatarabuelos o usted mismo, ha sido o ha estado en congregaciones de: Testigos de Jehová, Unitarios, Mormón, Rosacruces, Nueva Era, Budismo, Pare de Sufrir, Ateísmo, Ciencia Cristiana., Masón, Satanismo... Etc? Si ( ) No ( )
Explique:
_____
_____
_____
_____
_____
_____

¿Algunos de tus ancestros, padres, abuelos, bisabuelos, tatarabuelos o usted mismo, han tenido o tiene algunas de las siguientes enfermedades: Esquizofrenia, locura, miedos, nervios, ansiedad, desórdenes mentales, tumor, cáncer, asma, diabetes... Etc.? Si ( ) No ( ) Explique:
_____
_____
_____
_____
_____

¿Ha visto películas de: Terror, miedo, violencia, muerte, pornográficas, sexuales, burlonas, Etc.?:
_____
_____
_____
_____
_____
_____

¿Cuáles Videojuegos, Ouija... Etc. ha visto o ha jugado? ¿Nombres? Explique:
_____
_____
_____
_____
_____

¿Juegos mágicos, luchadores, asesinos? Explique:
_____
_____
_____

Formulario o Cuestionario de Preguntas

SECCIÓN PREGUNTAS GENERALES:

¿Es usted orgulloso(a)?
_____

¿Ha visto pornografía? Si ( ) No ( ) Explique:
_____
_____

¿Se ha masturbado? Si ( ) No ( ):_____

¿Ha visto o ha practicado: Sexo con animales, homosexualismo, lesbianismo, prostitución, etc.?
Si ( ) No ( ) Explique:
_____
_____
_____

¿Ha visto o practicado la fornicación? Si ( ) No ( ) Explique:_____

¿Ha sido adultero? Si ( ) No ( ) Explique:_____

¿Vive en unión libre, sin estar casado? Si ( ) No ( ) Explique:_____

Estas son puertas de entradas muy comunes para demonios:

Estas preguntas son para usted, su esposo o esposa, novio o novia, ya que cada persona trae consigo ataduras demoníacas de su pasado que también le podrían estar afectando, además estas preguntas se aplican al tiempo presente o pasado, es posible que ahora no las practique pero antes si las hizo.

¿Con cuántas novias(os), amigas(os) ha tenido sexo? Explique
_____
_____
_____
_____

¿Conoce o sospecha si alguna pareja pasada o familiar practica o practicaba brujería?
_____
_____
_____
_____

¿Cuántas veces se ha divorciado o separado?

_____
_____
_____
_____

¿Tiene o tuvo enemigos? ¿Ha peleado o está disgustado? Explique:

_____
_____
_____
_____

¿Usted tiene o le tienen envidia? Explique:

_____
_____
_____
_____

¿Usó alcohol, drogas, cocaína, Marihuana… Etc.?

_____
_____
_____
_____

¿Usted tiene tatuajes en su cuerpo? Explique:

_____
_____
_____
_____

¿Usted tiene algún amuleto para la "Protección "o la "Buena suerte"…o por cualquiera otra razón?

_____
_____

Formulario o Cuestionario de Preguntas

¿Tiene o tuvo alguna imagen, objetos de idolatría, rosarios, estampitas de santos, o alguna otra idolatría relacionado al catolicismo? Están en su cuello, cuarto, casa, auto, oficina… Explique:

_____
_____
_____
_____

¿Ha sido bautizado ante algún "Santo" Ejemplo: Virgen del Carmen, San Gregorio…Etc.? Explique:

_____
_____
_____
_____

¿Por qué le pusieron su nombre? Por ejemplo, Usted no podía nacer y su mamá le rezó a San Pedro y por eso se llama Pedro.

_____
_____
_____
_____

¿Usted ha hecho brujerías? ¿Pactos? Si (   ) No (   ) Explique:

_____
_____
_____
_____

¿Conoce o sospecha que hayan realizado pactos o brujerías en usted o sus ancestros? Si (   ) No (   ) Explique:

_____
_____
_____

¿Conoce a qué se dedicaban los anteriores inquilinos donde vive usted? ¿Qué pecados practicaban?
_____
_____
_____

¿Oró para limpiar espiritualmente su casa antes de mudarse? Si ( ) No ( ) Explique:
_____
_____
_____
_____

¿Conoce de algún vecino cercano que practica el ocultismo? Si ( ) No ( ) Explique:
_____
_____
_____
_____

¿Desde que se mudaron a esta nueva casa comenzaron problemas? Si ( ) No ( ) Explique:
_____
_____
_____
_____

Peleas, griterías, pesadez, escasez…etc. Explique:
_____
_____
_____
_____

¿Siente ruidos extraños en su casa? Si ( ) No ( ) Explique:
_____
_____
_____
_____
_____

Formulario o Cuestionario de Preguntas

¿Ha tenido accidentes o traumas? ejemplos: atracos, choques de autos, operaciones Etc. Si ( ) No ( )
Explique:
_____
_____
_____
_____

¿Cuáles son sus enfermedades, sufrimientos?
_____
_____
_____
_____

¿Qué medicinas toma?
_____
_____
_____
_____

¿Sufre de miedos? depresión, estrés…Etc. Si ( ) No ( ) Explique:
_____
_____
_____
_____

Si se murió alguien muy cercano, querido a usted ¿Familiares, amigos? De sus nombres y detalles.
_____
_____
_____
_____

¿Trabajó(a) en funerarias, hospitales o lugares relacionados a muerte, sangre, dolor?
_____
_____
_____
_____

¿Tiene alguna adicción? Si ( ) No ( ) Explique:

_____
_____
_____
_____

¿Ha practicado Yoga, karate, artes marciales? Si ( ) No ( ) Explique:

_____
_____
_____
_____

¿Qué clase de música escucha usted ahora y antes de convertirse a cristiano? Detalles

_____
_____
_____
_____

¿Ha visto películas de terror, violencia, mágicas, Batman… Etc.?

_____
_____
_____
_____

¿Tiene pesadillas? ¿Son repetitivas? ¿Casi iguales siempre? Detalle

_____
_____
_____
_____

¿Le gusta y ve el boxeo, lucha, películas de acción? Detalle y señale los nombres de los actores principales que admira

_____
_____
_____
_____

Formulario o Cuestionario de Preguntas

¿Cuál es su hobby, pasión? ¿En qué emplea más su tiempo libre?
_____
_____
_____
_____

¿Es rebelde? Si (   ) No (   ) Explique:
_____
_____
_____
_____
_____

¿Odia? Si (   ) No (   ) Explique:
_____
_____
_____
_____

¿Ha perdonado y pedido perdón? Si (   ) No (   ) Explique:
_____
_____
_____
_____

¿Ha maldecido a Satanás y a sus principados, gobernadores...etc.? Si (   ) No (   ) Explique:
_____
_____
_____
_____

¿Ha estado enojado con Dios? Si (   ) No (   ) Explique:
_____
_____
_____
_____

Haga un listado de todos sus pecados no mencionados arriba, aquí emplee buen tiempo y pídale al Espíritu Santo que le recuerde. Piense que esto se hace para saber qué demonio se pudo quedar escondido para finalmente echarlo.

_____
_____
_____
_____

¿Cuáles cree usted que son las causas de su problema? En esta sección escriba lo que usted crea que es importante que debemos saber para que contribuya a su liberación y sanidad.

_____
_____
_____
_____

Formulario o Cuestionario de Preguntas

5. ORACIONES PODEROSAS DE GUERRA ESPIRITUAL

Para librarse de las maldiciones generacionales.

Yo renuncio, no acepto y me separo, de todas las maldiciones generacionales y niego permiso a todo espíritu demoníaco. Escuchen todos los demonios familiares y generacionales; ustedes no tienen ningún derecho legal, ni poder, ni autoridad sobre mi (Aquí su nombre...), esa maldición fue anulada ya, Jesucristo la anuló en la Cruz porque está escrito: "Maldito el que es colgado en un madero" Jesús se hizo maldición para llevar todas nuestras maldiciones en la Cruz, Él ya pagó totalmente la deuda, Así que ¡FUERA, FUERA, FUERA EN EL NOMBRE DE JESUS!

Para romper las ataduras sexuales.

Si usted se unió sexualmente con alguien, sea una persona o animal, se hizo uno solo, quedaron atados. En este ministerio de liberación se han encontrado demonios de animales.

> **1 Corintios 6:16** *"¿O no sabéis que el que se une con una ramera, es un cuerpo con ella? Porque dice: Los dos serán una sola carne."*

En el caso de haberse unido varias veces sexualmente con alguien (esto es muy común hoy día), usted quedó fragmentado, dividido en varias partes (hablando espiritualmente). Debe romperlos todos, porque se formó una atadura de almas que hay que destruir, hágalos con mucha paciencia. Puede seguir el mismo modelo por ejemplo:

Mi Señor Jesús te confieso el pecado de fornicación, me arrepiento, renuncio a ese pecado y te pido que me perdones en el Nombre de Jesús, gracias por perdonarme, lo acepto. Demonios de fornicación y afines, no los quiero, no los acepto, los rechazo en el Nombre de Jesús.

Yo ahora en el nombre de Jesús arranco y destruyo toda ligadura o atadura entre "María" y yo, arranco y le entrego de regreso la parte del alma de "María" que estaba en mí, y llamo de regreso la parte de mi alma que estaba en "María" hacia mí. ¡Listo! Se rompió la atadura ¡Soy libre! Por lo tanto demonios ¡FUERA DEMONIOS DE ATADURAS DE SEXO EN EL NOMBRE DE JESUS, FUERA!

Nota: si no se acuerda del nombre está bien pero recordar algo es suficiente, hágalo de todas maneras.

Oración Para perdonar efectivamente.

Sencillo, si no hay perdón, no hay libertad, sí usted no pide perdón o si usted no perdona, no puede ser libre. Y lo peor; su salvación está en juego, el Padre no lo perdonará.

Mateo 6:14-15

¹⁴Porque si perdonáis a los hombres sus ofensas, os perdonará también a vosotros vuestro Padre celestial; ¹⁵más si no perdonáis a los hombres sus ofensas, tampoco vuestro Padre os perdonará vuestras ofensas.

En lo que más pueda, hágalo personalmente, telefónicamente, por cartas, de cualquier manera, muy importante, sea detallista, específico al hacerlo.

Por ejemplo:

Cuando esté con la persona diga: María vengo a pedirte perdón por el daño que te hice, reconozco que te ofendí al calumniarte, hice mal en hacerlo, no debí haber dicho que estabas robando, era mentira, tú eres muy correcta, perdóname.

Y después usted aparte: Mi Señor Jesús te confieso el pecado de calumnia, de mentira, me arrepiento, renuncio a ese pecado y te pido que me perdones en el Nombre de Jesús, gracias por perdonarme, lo acepto. Demonios de calumnia, de mentira y afines, no los quiero, no los acepto, los rechazo en el Nombre de Jesús.

Nota: *si no le acepta el perdón está bien, ya usted cumplió con Dios. Si el agravio fue público, entonces, usted debe pedir perdón en público también, en frente de las personas que vieron la ofensa. Una sugerencia, empiece por sus más allegados, esposa, hijos... Etc. Igual así hágalo con los que ha usted dañado u ofendido.*

Para ser libre de Pactos.

He encontrado muy en común que hay pactos demoníacos hechos por nosotros mismos, o pactos en nuestras pasadas generaciones que nos afectan; ellos pactaron con Satanás sus futuros nietos y generaciones a cambio de dinero, poder... Etc., es necesario ser libre de esos demonios que están cumpliendo esos pactos, de hecho, ellos están ilegalmente ahí porque esos pactos quedaron anulados con el Pacto de Sangre de Jesús en la Cruz del Calvario.

Mateo 26:26-28

^{26}Y mientras comían, tomó Jesús el pan, y bendijo, y lo partió, y dio a sus discípulos, y dijo: Tomad, comed; esto es mi cuerpo. ^{27}Y tomando la copa, y habiendo dado gracias, les dio, diciendo: Bebed de ella todos; ^{28}porque esto es mi Sangre del nuevo pacto, que por muchos es derramada para remisión de los pecados.

Pero como siempre, no se van así como así, hay que recordarles lo que hizo Jesús y luego echarlos.

Esta oración la uso

Gracias Jesucristo por el pacto que hiciste con tu propio Cuerpo y Sangre, Pacto de bendición, y poder.

Demonios de pactos, ustedes están cumpliendo el pacto que se realizó, de hecho, están aquí por esa razón, si no hubieran hecho ese pacto ustedes no estuvieran aquí en esta persona (o en mí), Ahora, ustedes saben muy bien que esta persona es de Jesucristo, y Jesús con su Sangre hizo un Pacto que es Sagrado y Eterno. Es superior y anula todos los pactos. Por lo tanto, demonio tu pacto quedó anulado, destruido, no existe más, así que recoge todas tus cosas y te expulso de aquí ¡FUERA, FUERA! ¡EN EL NOMBRE DE JESUS!

Para ser libre de Brujerías, hechicerías.

También muy comunes (creo que es la moda), casi al 98% de todas las personas que han sido libres han tenido brujerías, ya sea que le pusieron brujerías a sus padres, abuelos, bisabuelos o a ellos mismos. Hago una aclaración aquí, si usted es cristiano le pueden echar brujerías, de hecho son a los que más les envían, pero los demonios enviados, que son los que ejecutan esa brujerías, no pueden entrar, Dios le protege. Sin embargo, ellos se quedan cerca de usted esperando o creando la manera que usted peque para poder entrar en usted, recuerden que ellos son muy astutos, es por eso que hay que estar siempre alerta.

Esta oración también la uso

En el nombre poderoso de Jesús cancelo, destruyo y anulo todas las oraciones demoniacas, conjuros, rezos y maldiciones realizadas a mis comidas, bebidas, con objetos familiares como pelo y ropa, a través de mi nombre, con muñecos y fotografías. Le saco todas las agujas y alfileres, los desentierro y les quito todos los amarres, círculos, triángulos, tierra de cementerio, todo lo destruyo, ¡Se acabó! todo se rompió, se anuló la brujería, así que demonios de brujerías ¡FUERA, FUERA, FUERA! Su trabajo, su función, se acabó y no tienen ningún derecho legal, ¡FUERA EN EL NOMBRE DE JESUS!

Oración de confesión general de pecados.

Esta oración la he usado en el caso de que haya alguna atadura desconocida por el cual el demonio no se pueda ir.

Dios todopoderoso, creador de los cielos y la tierra y de todo lo que hay en ellos, te doy gracias por haber enviado a tu Hijo Jesucristo a darnos libertad y perdonar nuestros pecados, a través de Su preciosa Sangre derramada en la Cruz del Calvario. Jesucristo Tú me perdonaste y es por eso que yo perdono a todas las personas que me han hecho daño, burlado, desilusionado, humillado, despreciado, engañado, y robado, también que me perdonen por todo el daño que haya hecho. Jesús te pido que perdones todos mis pecados. Me perdono a mí mismo y acepto tu gran perdón a mi vida.

Padre en el nombre de Jesús confieso que si algunos de mis antepasados o yo cometimos los siguientes pecados; te pido perdón. Y me arrepiento en el nombre de Jesús:

Pecados de enojo, amargura, odio, rebelión, resentimiento, venganza, envidia, celos, pleito, duda, incredulidad, escepticismo, codicia, lujuria, lascivia, brujería, avaricia, depravación, impureza sexual, homicidios, contiendas, engaños, malicia, chismes, calumnias, enemigos de Dios, insolencia, soberbias, arrogancia, orgullo, rebelión, insensatez, insensibles, no misericordia, necedad, idolatrías, tomar el nombre de Dios en vano, no honrar a los padres, adulterio, robar, mentir, y todas las obras de la carne. Etc., te pido perdón en el nombre de Jesús. Gracias por el perdón. Lo acepto.

Yo renuncio a toda maldición que haya caído sobre mí, mi familia, hijos, nietos, bisnietos hasta la tercera y décima generación. Yo denuncio totalmente los pecados de mis antepasados, yo totalmente me separo de las maldiciones generacionales. Y al hacerlo quiebro el poder y los derechos legales de Satanás en mi vida. Quiebro el poder de las maldiciones generacionales y niego permiso en mi vida a todo espíritu demoníaco.

Me arrepiento, renuncio, quiebro y disuelvo todos los pactos satánicos. Por la Sangre de Jesús, por el pacto de Sangre de Jesús en la Cruz del Calvario; que es más poderoso que cualquier pacto demoníaco y anula todos los pactos, me libero de todo pacto con el diablo. Yo renuncio a todo voto no santo o impío, pacto, promesas, juramentos, o ceremonias demoníacas e impurezas y escojo ser libre de todos los permisos de maldiciones del ocultismo. Amen

Nota: *Con esta oración de renuncia usted está en paz con Dios. Después de esta oración haga la otra para expulsar los demonios.*

Oración de Comando General de Liberación.

En el nombre de Jesucristo me dirijo a todos ustedes demonios, principalmente a los de más altos rangos, a los demonios más poderosos, a los líderes en esta persona, escuchen lo que les voy a recordar, les digo recordar porque ustedes conocen muy bien la Palabra de Dios:

La palabra de Dios es para obedecerla, todos estamos sometidos a la Palabra de Dios porque es la ¡Palabra de Dios! Es la máxima autoridad del universo, del mundo, lo que está ahí escrito es lo que se obedece y no hay más discusión, Ustedes saben que el Señor es Santo, Santo, Santo es nuestro Señor y cuando pecamos Él se aparta, se enoja y es cuando ustedes entran a ejecutar esa maldición, ese pecado, y esa es la razón, la causa por el cual están ustedes en esa persona (José o Teresa). Si no hubiera pecado no estuvieran ustedes ahí, ustedes vienen a robar, matar y destruir pero el problema es el pecado.

Ahora bien, ustedes saben que esta persona es de Jesucristo y eso hace la gran diferencia, todo el castigo, sufrimiento que esta persona merecía por pecados de él y por los de sus antepasados mi Señor Jesucristo lo pagó, Jesucristo, el Hijo de Dios, vino a la tierra, nació de una Virgen, se hizo hombre, nunca pecó, pero él se hizo pecador y se puso en el lugar de este hombre y de la humanidad pecadora, Jesús fue humillado, golpeado, burlado, azotado, su sangre derramó y murió en la Cruz del Calvario, por supuesto que Jesús resucitó al tercer día y está sentado a la diestra del Dios padre, está vivo. Jesús recibió todo ese castigo y pagó con precio de sangre derramada en la cruz del calvario la libertad de esta persona, Jesús la justificó, además esta persona confesó sus pecados, está arrepentida y Dios la perdonó, tampoco es culpable de las maldiciones porque Jesús también se hizo maldición, las llevó, por lo tanto tu trabajo y tu función se acabó. No tienen ningún derecho legal. FUERA EN EL NOMBRE DE JESUS y se llevan todos sus demonios y enfermedades de él y de toda su familia. Fuera, Fuera, ¡Ato al hombre fuerte y los expulso a todos!

Importante: Esta anterior oración se hace al final, después de haber llenado el formulario, confesados sus pecados, y haber cancelado las brujerías, los pactos (todas estas oraciones están en este libro)

Aclaración: Si después de haber hecho todo como se les explicó arriba, usted todavía sigue batallando con un demonio que no se quiere ir, es porque hay algo que lo detiene. Quizás tiene un derecho legal, dígale a la persona que le diga la verdad, que pecado tiene escondido o que lo trate de recordar. Que le pida al Espíritu Santo que nos lo revele, y si la persona no sabe cuál es; en este punto usted puede preguntarle al demonio cuál es ese derecho legal, luego se renuncia a eso y se le expulsa.

Consejo: A las Siguientes oraciones les sugiero que les saque copia y las coloque en varias partes de su casa para que las pueda repetir constantemente.

6. ORACIÓN PARA LIMPIAR TODO EL CUERPO

Esta forma de oración la puede hacer para usted mismo, para otra persona, un grupo o iglesia. Consiste en colocar las manos en cada parte del cuerpo que se vayan mencionando en la persona que está siendo ministrada, las manos se las coloca usted mismo según sea el caso, por lo regular yo pongo mis manos cuando estoy con la persona o si es un grupo pequeño, pero si es una iglesia o un grupo grande se las coloca la misma persona. Como siempre debe dar las ordenes con fe, autoridad (en forma militar), aquí también déjese guiar por el Espíritu Santo cuando le haga revelaciones de enfermedades o demonios no escritos aquí, ¡recuerde! la persona que va a ser liberada debe haber llenado el Cuestionario de Liberación (*Está* en este libro) y haya renunciado a sus pecados; es decir que haya hecho todo lo explicado en este libro.

En la cabeza.

En el nombre de Jesús expulso todos los demonios con sus reinos de mi cabeza, de mis pensamientos, cerebro. Echo fuera a los demonios de brujería, control mental, dueño de los pensamientos, los espíritus de soledad, pesadez, depresión, estrés, rechazo, desespero, morir, suicidio, muerte y todos los afines FUERA, FUERA, FUERA EN EL NOMBRE DE JESUS y se llevan todas las enfermedades, Fuera enfermedad de locura, depresión, esquizofrenia, tormento, dolor de cabeza, migraña, pesadillas, brujería, mente atada, amarres, frustración, miedos, fobias, pánico, sinopsis, retardo mental, ansiedad, tumor, cáncer, derrame cerebral, ataques epilépticos, muertes y todos los afines, FUERA, FUERA, FUERA EN EL NOMBRE DE JESUS, USTEDES NO TIENEN DERECHO LEGAL, LA SANGRE DE JESUS ES PODEROSA, FUERA, FUERA!

Oración para Limpiar todo el Cuerpo

En los oídos.

¡En el nombre de Jesús echo fuera los demonios de mis oídos con sus reinos, Fuera sordera, vértigo, mareo, dolor de oído, ruidos en los oídos, infecciones, y todos los demonios que entraron por mis oídos FUERA EN EL NOMBRE DE JESUS LA SANGRE DE JESUS ES PODEROSA!

En los ojos.

¡En el nombre de Jesús expulso todos los demonios con sus reinos de mis ojos o que hayan entrado por ahí, hecho fuera a cansancio, ceguera, miopía, pesadez, pornografía, brujería, lascivia, concupiscencia, resequedad y todos los demonios que estén produciendo enfermedades, FUERA, FUERA, FUERA, FUERA EN EL NOMBRE DE JESUS!

La nariz.

Ordeno salir en el nombre de Jesús todos los demonios con sus reinos de mi nariz. Hecho fuera a dolor de oído, rinitis, hemorragia de sangre, nariz tapada, sinusitis y todos los demonios que entraron por la nariz por mis pecados y afines a la nariz, ¡FUERA, FUERA, FUERA EN EL NOMBRE DE JESUS, NO SE QUEDA NINGUNO, NO TIENEN NINGUN DERECHO LEGAL, FUERA, FUERA, FUERA EN EL NOMBRE DE JESUS!

La boca.

¡En el nombre de Jesús hecho fuera a todos los demonios con sus reinos de mi boca, Fuera mudez, tartamudez, infección, dolor, brujería, mal aliento, dolor e infección en las encías, cáncer, tumor, herpes, habladuría, chismes, calumnias todos los demonios que hayan entrado por mis pecados como sexo oral, cigarrillo, adición, drogas, alcohol, mentira, engaño, nicotina FUERA, FUERA, FUERA, FUERA EN EL NOMBRE DE JESUS, LA SANGRE DE JESUS ES PODEROSA, FUERA!

La espalda.

¡En el nombre de Jesús echo fuera los demonios con sus reinos que estén en toda mi espalda, Fuera dolor, cansancio, pesadez, calambres, brujería, joroba, fuera de mi espalda, de las vértebras, de mi columna, y todos los que estén causando enfermedades, LA SANGRE DE JESUS ES PODEROSA, FUERA EN EL NOMBRE DE JESUS, FUERA, DESOCUPEN MIS HUESOS, MIS MUSCULOS, FUERA EN EL NOMBRE DE JESUS!

En la garganta y nuca.

¡En el nombre de Jesús echo fuera los demonios con sus reinos que estén en toda la garganta y nuca, fuera dolor, cansancio, tiroides, papera, gripa, carraspera, hinchazón de las glándulas, sequedad, laringitis, cáncer tumor, los que estén causando enfermedades, FUERA, FUERA, FUERA EN EL NOMBRE DE JESUS, LA SANGRE DE JESUS ES PODEROSA, NO TIENEN NINGUN DERECHO LEGAL, FUERA, FUERA!

En el corazón, pecho.

¡En el nombre de Jesús echo fuera todos los demonios con sus reinos que estén en el corazón y en el pecho, fuera ataque al corazón, taquicardia, palpitación, infarto, dolor, brujería, crecimiento del corazón, todos los que afecten al corazón, al pecho, miedo, temor, tristeza, amargura, depresión, desánimo, falta de perdón, odio, muerte y todos los afines, FUERA, FUERA, FUERA EN EL NOMBRE DE JESUS. USTEDES NO TIENEN NINGUN DERECHO LEGAL. LA SANGRE DE JESUS ES PODEROSA!

En la barriga, estomago.

¡En el nombre de Jesús echo fuera los demonios con sus reinos que estén en la barriga, estómago y dentro de los intestinos. Fuera, fuera en el nombre de Jesús. Fuera brujería, amarres, dolor, cáncer y tumor. USTEDES NO TIENEN DERECHO LEGAL. FUERA EN EL NOMBRE DE JESUS!

En las partes íntimas.

¡En el nombre de Jesús echo fuera los demonios con sus reinos que estén en mis partes íntimas, fuera brujerías, impotencia, esterilidad, aborto, muerte, frigidez, eyaculación precoz, dolor al orinar, al defecar, al hacer el sexo, al dolor en general, debilidad, cansancio, cáncer, tumores, quistes, coágulos, hemorroides, y todos los demonios afines, FUERA, FUERA, FUERA EN EL NOMBRE DE JESUS, NO TIENEN DERECHO LEGAL, FUERA. LA SANGRE DE JESUS ES PODEROSA!

En las extremidades inferiores.

En el nombre de Jesús echo fuera los demonios con sus reinos que estén en mis piernas, rodillas, muslos, pantorrillas, tobillos, pies, dedos, uñas. Fuera dolor, cansancio, brujerías, artritis, calambres, varices inflamadas, parálisis, mal olor, pies planos, hongos, hinchazón, ¡FUERA EN EL NOMBRE DE JESUS, FUERA, FUERA, NO TIENEN DERECHO LEGAL, LA SANGRE DE JESUS ES PODEROSA. FUERA!

Oración para Limpiar todo el Cuerpo

En las extremidades superiores.

En el nombre de Jesús echo fuera todos los demonios con sus reinos que estén en mis brazos, codos, manos, dedos, uñas. Fuera dolor, cansancio, brujerías, artritis, calambres, varices inflamadas, parálisis, mal olor, hongos, hinchazón. ¡FUERA EN EL NOMBRE DE JESUS, FUERA, FUERA, NO TIENEN DERECHO LEGAL. LA SANGRE DE JESUS ES PODEROSA. FUERA!

En todos los sistemas.

¡En el nombre de Jesús echo fuera todos los demonios con sus reinos y enfermedades que estén en el Sistema Digestivo, en el Sistema Respiratorio, en el Sistema Nervioso Central, en el Sistema Circulatorio, en el Sistema Endocrino Límbico, en el Sistema Reproductor Femenino, en el Sistema Reproductor Masculino, en el Sistema Gastrointestinal, en el Sistema Genitourinario, en el Sistema Cardiovascular, en el Sistema Inmunológico, en el Sistema Muscular y en la Prolapso de la Válvula Mistral, FUERA, FUERA, FUERA EN EL NOMBRE DE JESUS, NO TIENEN DERECHO LEGAL. FUERA DEMONIOS DE MIS SISTEMAS. FUERA, LA SANGRE DE JESUS ES PODEROSA. FUERA MUERTE, CANSANCIO, ENFERMEDAD, DEBILIDAD, LUPUS, SIDA, EBOLA, LEUCEMIA Y TODAS LA ENFERMEDADES FUERA. JESUCRISTO NOS LIMPIO, NOS SANO CON SU SANGRE. ESTOY LIBRE Y SANO, GRACIAS JESUS, TE AMO JESUS, ME PERDONASTE, SANASTE Y ME HAZ DADO SALVACION, GRACIAS JESUS, GRACIAS JESUS! ¡AMEN!

7. ORACIONES DIARIAS PODEROSAS

Las siguientes dos oraciones las recomiendo, son muy claves, Imprímela, sáqueles copias y póngalas en su cuarto o lugar visible para que las confiese diariamente, en todo el tiempo.

De sanidad.

Diablo, Tu eres un engañador, un mentiroso, Tu sabes que yo soy una NUEVA CRIATURA, PROPIEDAD REDIMIDA, Porque Jesucristo es mi Redentor. Yo no habito en tu territorio y por lo tanto; tú no tienes ningún derecho legal para invadir mi propiedad, mi territorio, ya no te pertenezco ni estoy bajo tu jurisdicción. HE SIDO REDIMIDO de tu autoridad por Jesucristo. Esta enfermedad que has puesto sobre mí (Hijo, mamá....etc.) Fue ya destruida en la Cruz del Calvario y tú sabes que yo no tengo que sufrirla. Yo te ordeno a que en el Nombre de Jesús dejes mi CUERPO LIBRE. Yo soy libre de enfermedad porque está escrito: "Por Sus heridas fuimos nosotros curados", y por lo tanto yo estoy sano. Tú eres un MENTIROSO. Tus dolencias son mentiras. Tú eres el padre de la mentira. Yo estoy sano. He sido liberado de tu poder. ¡Así que! ¡FUERA, FUERA, FUERA EN EL NOMBRE PODEROSO DE JESÚS, EN EL NOMBRE DE JESÚS FUERA, FUERA, FUERA! ¡Estoy sano!

Nota 1. ¡Ahora parece de esa cama! ,! ¡No se quede acostado y actúe!, haga las cosas diarias o cotidianas normalmente. **Nota 2.** Hay dos reinos, uno de Satanás y el otro de Jesús, Antes estábamos en el reino del Diablo pero ahora estamos en el reino de Jesús. Todo esto es clave, haga énfasis en esto.

Limpieza de usted, familia y de su casa.

Jesús el Hijo de Dios vino en carne humana, nació de una virgen, murió en la Cruz, resucitó al tercer día y está sentado a la diestra de Dios Padre, Jesús tiene toda potestad y toda autoridad sobre todo el Universo, en el cielo, la tierra y debajo de la tierra.

Jesús nos delegó autoridad y poder a nosotros, a la Iglesia, para pisar serpientes y escorpiones y sobre todo el poder del enemigo y ninguna arma forjada nos pueda hacer daño. Nos ha dado la autoridad en el nombre de Jesús de echar afuera demonios.

En el nombre de Jesús, anulo, cancelo, corto y destruyo cualquier conjuro, rezo, maldiciones, votos, pactos demoníacos, brujerías, hechizos, órdenes satánicas, planes, estrategias, y todo que venga del diablo, del reino de las tiniebla o de personas; todos los destruyo y cancelo en el Nombre de Jesús, nada me tocará a mí ni a mi familia ni a mi casa en el nombre de Jesús.

Así que demonios ¡Fuera en el nombre de Jesús! no tienen ningún derecho legal, ninguna autoridad ni poder, su trabajo en esta casa, mi mente, emociones cuerpo y espíritu se acabó, ato al hombre fuerte y sus demonios, los arranco de raíz, los desarraigos, destruyo toda estructura demoníaca y los echo ¡FUERA, FUERA, FUERA EN EL NOMBRE DE JESÚS, FUERA EN EL NOMBRE DE JESUS!, ¡LA SANGRE DE JESÚS ES PODEROSA Y SUFICIENTE!

Nota Esta oración está dividida en cuatro divisiones

1. Quién es Jesús y su Señorío. 2. Quienes somos nosotros en Cristo Jesús, el poder que nos dio. 3. Cancelamos todos los derechos legales. 4. Los expulsamos en el Nombre de Jesús

Estas oraciones dígalas con autoridad varias veces hasta que todo quede despejado, estas Oraciones de Guerra Espiritual deben hacerla todos los días y varias veces, POR LO TANTO SAQUELES COPIAS.

8. NOMBRES DE DEMONIOS POR FUNCIÓN

Usen esta lista por favor.

Esta es una lista de demonios que hemos encontrado en nuestro ministerio, creo que les sería de gran ayuda, ya que son millones de demonios que hay. Además usted puede renunciar a ellos, uno por uno en caso de que exista alguno escondido, y de esa manera quitarles el posible derecho legal y echarlos en el nombre de Jesús. O usted puede mencionarlos uno por uno y expulsarlo cuando esté haciendo la liberación.

Les repito, en Cristo Jesús todas nuestras maldiciones están anuladas, y todos nuestros pecados están perdonados, siempre y cuando este usted en santidad, y no esté practicando el pecado; por lo tanto los demonios no tendrán derecho legal de estar allí, pero como es costumbre de los espíritus, no se van, se quedan, hay que expulsarlos y recuerde, siempre órdeneles que se lleven sus otros demonios y enfermedades.

1. Aborto
2. Aburrimiento
3. Adicción al cigarrillo
4. Adormecimiento
5. Agotamiento
6. Adulterio
7. Agüero
8. Alcoholismo
9. Alta presión
10. Amargura
11. Ambición
12. Angustia
13. Argumentación
14. Arrogancia
29. Borrachera
30. Borracho
31. Bostezo
32. Burra
15. Artes marciales
16. Artritis
17. Asesino
18. Asma
19. Asmodeo
20. Ataque al corazón
21. Autocompasión
22. Autocrítica
23. Autoritario
24. Avaricia
25. Belcebú
26. Bestialismo
27. Blasfemia
28. Bloqueo
29. Bloqueo mental
70. Enojo
71. Envidia
72. Epilepsia

Nombres de Demonios por Función

33. Cáncer
34. Cansancio
35. Ceguera
36. Celos
37. Codicia
38. Comezon
39. Concupiscencia
40. Condenación
41. Confusión
42. Cristo Negro
43. Culpa
44. Debilidad
45. Defensa personal
46. Demencia
47. Depravación sexual
48. Depresión
49. Derrota
50. Desamor
51. Desánimo
52. Desconfianza
53. Desesperación
54. Desesperanza
55. Desespero
56. Desobediencia
57. Desorden
58. Destrucción
59. Devorador
60. Diabetes
61. Dificultad
62. Disfagia
63. División
64. Doble ánimo
65. Dragon
66. Drogas
67. Duda
68. Enfermedad
69. Engaño
111. Infidelidad
112. Imagen (falsa imagen
113. Jezabel
114. Kung fu
73. Error
74. Esquizofrenia
75. Estrés
76. Estupor
77. Exhibicionismo
78. Falsa doctrina
79. Fatiga
80. Feo
81. Frío
82. Flojera
83. Fobias
84. Fornicación
85. Furia
86. Gibalai
87. Golpes
88. Gripa
89. Guía
90. Gula
91. Hechicería
92. Hereje
93. Homicidio
94. Homosexualismo
95. Incesto
96. Incredulidad
97. Incubo
98. Indecisión
99. Indiferencia
100. Indio Guacaipuro
101. Idolatría a imágenes
102. Idolatría a personas
103. Infarto
104. Inferioridad
105. Infertilidad
106. Inseguridad
107. Insomnio
108. Insuficiencia
109. Intranquilidad
110. Jehová, Testígos de
151. Palpitación
152. Pavor
153. Pelea

115. Kundalini
116. Lascivia
117. Legalismo
118. Legión
119. Lesbianismo
120. Leviatán
121. Locura
122. Lujuria
123. Llanto
124. Lloro
125. Magia Blanca
126. Mala Suerte
127. Maldición
128. Maltratos
129. Mareo
130. María Lionza
131. Maricotonio
132. Masturbación
133. Matriarcado
134. Menosprecio
135. Mentira
136. Miedo
137. Monseñor
138. Mormón
139. Mudo
140. Nervios
141. Obesidad
142. Obeso, gordura
143. Obstáculos
144. Ocioso
145. Ocultismo
146. Oculto
147. Odio
148. Olvido
149. Opresión
150. Orgullo
192. Temor
193. Terror
194. Timidez
195. Tormento

154. Pena
155. Pensamiento
156. Pereza
157. Perfeccionismo
158. Perversión sexual
159. Pesadez
160. Pesadillas
161. Pesimismo
162. Pobreza
163. Poder
164. Pornografía
165. Preguntón
166. Preocupación
167. Prepotencia
168. Prostituta
169. Rabia
170. Rebeldía
171. Rebelión
172. Rechazo
173. Resfriado
174. Reúma
175. Robo
176. Rosacruces
177. Ruina
178. San Gregorio
179. Seduccion
180. Sensibilidad
181. Sexo
182. Sinusitis
183. Soberbia
184. Soledad
185. Sordo
186. Súcubos, forma de mujer
187. Sufrimiento
188. Suicidio
189. Susto
190. Taquicardia
191. Temblor (de miedo)

196. Tristeza
197. Tumor
198. Vanidad
199. Verdugo
200. Vergüenza
201. Violencia
202. Yoga
203. Zabaraike
204. Zapote (Novela Piel de zapa)

> *Como es costumbre de los espíritus, no se van, se quedan, hay que expulsarlos*

9. PASOS BÁSICOS Y ORACIÓNES PARA MANTENER UNA LIBERACIÓN

Después de haber sido libre comienza una etapa muy importante, usted debe y puede mantener esa libertad. Memorice estos versículos y constantemente repítalos en voz alta. La mejor defensa es ser ofensivo. No espere caer ni que lo ataquen:

- Señor Jesucristo te alabo y te pido que perdones todos mis pecados, gracias por perdonarme, lo acepto.

- En el nombre de Jesús cancelo toda orden, rezo, conjuros y palabras de maldición que hayan dicho contra mí, mi familia, mi hogar… así que demonios la orden quedó cancelada ¡Ustedes no tienen ningún derecho legal! FUERA EN EL NOMBRE DE JESUS!

- Demonios presentes ustedes no tiene ningún derecho legal, ni permiso, ni consentimiento, de estar en mi cuerpo, ni en mi casa, ni mi familia, ni en ninguna de mis pertenencias, así que los ato y los envió directamente y completamente dentro del abismo en el nombre de Jesús.

- Estoy crucificado juntamente con Cristo, cubierto con la Sangre de Jesús, y ya no vivo yo, más Cristo vive en mí; y lo que ahora vivo en la carne, lo vivo en la fe del Hijo de Dios, el cual me amó y se entregó a sí mismo por mí.

- Llevo todo pensamiento, cautivo a la obediencia a Jesucristo.

- Lavo mis pensamientos con la Sangre de Jesús.

➢ Cubro todo mi ser, espíritu, alma, y cuerpo con la Sangre de Jesús.

➢ Jesús nos dio poder y autoridad de pisar serpientes y escorpiones y sobre todo el poder del enemigo y de ninguna manera nos puede hacer daño.

➢ Jesús nos dio poder y autoridad para echar demonios en Su Nombre. ¡Fuera demonios en el Nombre de Jesús!

➢ Jesús nos dio poder y autoridad para atar y desatar, todo lo que atemos en la tierra, quedará atado en los cielos y todo lo que desatemos en la tierra quedará desatado en los cielos. Atamos todo espíritu demoniaco y lo echamos fuera en el nombre de Jesús, ¡Fuera!

Memorizar el Salmo 91 y leerlos en voz alta.

Además siga los siguientes consejos:

- La clave es Jesús.
- Tomar por hábito de orar constantemente.
- Escuche música Cristiana.
- Estudiar la Palabra (la Biblia).
- Hágase miembro de una iglesia Cristiana, de sana Doctrina.
- Ayude en la Iglesia.
- Conviva con los hermanos de la iglesia.
- Ayude a ser libres a otros.
- Dejar las malas amistades (ejemplo: esas amistades que le hablan mal de otras).
- Si caemos, si pecamos, inmediatamente confesar ese pecado y pedir perdón a Dios.

Nota: Si por lo menos hacemos todos estos pasos, hay un gran porcentaje que nos mantendremos libres de demonios, Yo mismo los repito constantemente en el día especialmente antes de acostarme, recorro toda mi casa diciéndoles en voz alta

Estas oraciones, al igual que todas las de este libro, dígalas con autoridad varias veces hasta que todo quede despejado, ¡REPITO ESCRIBALAS, SAQUELES COPIA Y DIGALAS VARIAS VECES AL DIA!

> *Estas oraciones, al igual que todas las de este libro, dígalas con autoridad varias veces hasta que todo quede despejado, ¡REPITO ESCRIBALAS, SAQUELES COPIA Y DIGALAS VARIAS VECES AL DIA!*

RECOMENDACIONES

- *Es muy recomendable que adquiera el Libro: libérate de las Opresiones, el cual es la base de este Manual.*

La persona que va hacer liberada debe haber llenado el Cuestionario de Liberación (Esta en este libro) y haya renunciado a sus pecados; es decir, haya hecho todo lo explicado en este libro.

- *Les sugiero que les saquen copia a las oraciones y las coloque en varias partes de su casa para que las pueda repetir constantemente.*

- *Estas oraciones dígalas con autoridad varias veces hasta que todo quede despejado, Estas oraciones de guerra espiritual deben hacerla todos los días y varias veces al día.*

RECOMENDACION FINAL

Ponga en práctica todas estas Armas de Guerra Espiritual.

Evangelice con nuestra serie de libros Libérate.

Adquiera Libérate de las Enfermedades

Adquiera Libérate de las Opresiones.

Vuelva a estudiar este Manual.

Y recomiende nuestras Serie.

Roger Muñoz

WWW.CRISTOLIBERA.ORG

CRISTO LIBERA

MINISTERIO DE LIBERACION Y SANIDAD

SEATTLE, WASHINGTON

ESTADOS UNIDOS

Estos libros están disponibles en varios idiomas.
Pedidos: www.cristolibera.org
www.Amazon.com
www.bookdepository.com
1(425)269-2755
USA

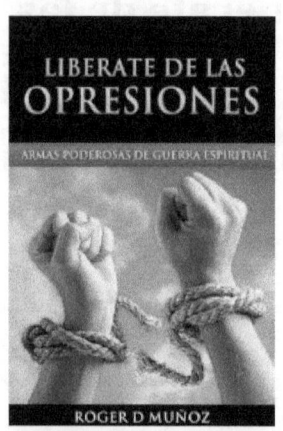

www.ingramcontent.com/pod-product-compliance
Lightning Source LLC
Chambersburg PA
CBHW082248300426
44110CB00039B/2475